www.ingramcontent.com/pod-product-compliance
Lightning Source LLC
Chambersburg PA
CBHW070335190526
45169CB00005B/1911
* 9 7 8 1 5 3 5 1 0 0 8 8 5 *